SOUVERAINETÉ
DU PEUPLE
ET
RÉPUBLIQUE

PAR

E. PERROT DE CHEZELLES

Juge d'instruction au Tribunal de la Seine
Membre correspondant de l'Académie de législation
de Toulouse.

Et nunc quod ratio est, impetus ante fuit.
OVIDE.

DEUXIÈME ÉDITION

PARIS
E. DENTU, LIBRAIRE-ÉDITEUR
PALAIS-ROYAL, GALERIE D'ORLÉANS, 17 ET 19
1871

AVERTISSEMENT

Peu de jours après le 24 février, — lorsque j'avais à peine atteint l'âge d'homme, — je publiais un travail intitulé :

L'Assemblée nationale de 1848 aurait-elle le droit de constituer une monarchie? NON! —

DE LA SOUVERAINETÉ DU PEUPLE.

Quelques mots sur la révolution.

Vingt-trois ans passés, je le reproduis, — non modifié, mais complété par quelques idées, quelques citations et quelques notes, — sous le titre plus général :

SOUVERAINETÉ DU PEUPLE
ET RÉPUBLIQUE.

Bien que la thèse absolue, avancée alors,

et proposée de nouveau, ait semblé hardie, et qu'elle ait été contredite, en apparence, par les événements écoulés du 2 décembre 1851 au 4 septembre 1870, je n'ai jamais douté de son irréfutable et rigoureuse exactitude; — c'est-à-dire que la souveraineté du peuple, reconnue et mise en œuvre par le suffrage universel direct, ne soit incompatible avec l'hérédité monarchique (*ceci tuera cela*), — que le gouvernement républicain, à l'inverse, ne soit la seule expression réellement harmonique et légitime du droit populaire. Aucun axiome politique ne me paraît mieux éclairé des lumières de l'évidence.

Les incidents, qui se produisent dans le domaine relatif, temporaire et transitoire des faits humains, ne prouvent rien contre l'irrésistible logique des principes supérieurs, dont le triomphe définitif est toujours assuré.

Sans poser en prophète (trop commun travers), ne puis-je, après la renaissance de la République, appliquer à mes théories déjà anciennes le vers tant de fois justifié du vieil Ovide :

Et nunc quod ratio est, impetus ante fuit!

(Vérité désormais, paradoxe autrefois.)

E. P. C.

1871.

En septembre 1848, l'auteur ayant envoyé cet opuscule à M. de Lamartine, celui-ci le *félicita*, par écrit, *d'allier*, disait-il, *dans une si juste mesure, la maturité de la pensée à la jeunesse de l'imagination.*

SOUVERAINETÉ
DU PEUPLE
ET
RÉPUBLIQUE

> Le gouvernement républicain est celui où le peuple en corps, ou seulement une partie du peuple, a la souveraine puissance. — Lorsque, dans une république, le peuple en corps a la souveraine puissance, c'est une démocratie.
>
> MONTESQUIEU.

> Quelle est donc la destinée du genre humain? Presque nul grand peuple n'est gouverné par lui-même.
>
> VOLTAIRE.

Dans un temps prochain l'Assemblée nationale devra formuler une constitution nouvelle[1]; — il est d'une extrême importance de résoudre cette question déjà discutée dans la presse périodique :

1. La fonction constituante sera-t-elle exercée par l'Assemblée convoquée pour le 12 février 1871, ou par celle qui lui succé-

« La majorité de l'Assemblée aurait-elle le droit de fonder un gouvernement monarchique, — ou bien son mandat et sa mission seront-ils uniquement de constituer la république ? »

Des réponses contraires ont été faites. Malheureusement l'argumentation a été, en général, présentée avec véhémence, — et des objurgations provocatrices ont, de part et d'autre, envenimé le débat.

Je me propose de raisonner froidement, au point de vue de la théorie pure et de la logique.

Cette méthode, je le sais, a moins d'attrait pour le lecteur, mais elle est plus sûre.

Dans les temps révolutionnaires, comme celui où nous sommes en ce moment, il y a toujours trop de passion dans les discussions politiques; combien de périls auraient été écartés dans le passé, si cette vérité avait sans cesse été présente aux hommes qui ont débattu les vastes problèmes dont l'étude et la solution ont tant ébranlé le monde depuis la fin du dernier siècle, tant agité notre chère patrie, et coûté à ses enfants tant de sang et de larmes!

On a dit que l'Assemblée, en constituant une

dera? Sérieuse difficulté, réservée par le silence même de la convention d'armistice, signée le 28 janvier, et du décret de convocation, édicté le lendemain.

monarchie, n'excéderait pas ses pouvoirs. Cette assertion, je la crois erronée, et j'espère le prouver.

En fait, agir ainsi — inutile d'insister sur ce point — serait une faute grave; tout le monde a reconnu, du moins en paroles, que la république est, dans l'état actuel de la France, une nécessité impérieuse.

Si tous ne l'acclament pas avec un égal transport; si pour quelques-uns elle semble n'être qu'un pis-aller, aucuns ne paraissent songer à l'attaquer sérieusement.

Je ne suis point de ceux qui considèrent la république seulement comme un fait accompli, qu'il faut à toute force, et quoi qu'il en coûte, accepter aujourd'hui; je la regarde comme un droit absolu[1]; le principe de la souveraineté du peuple pratiqué, il est clair que, logiquement, le gouvernement républicain doit seul être institué.

Comment admettre en effet qu'une assemblée issue, par le suffrage universel, de la souveraineté nationale, pourrait, en décrétant la monarchie, porter à ce principe, dont elle émane, l'attaque la plus rude et la plus directe, aliéner, sans retour ou pour un temps indéterminé, cette

1. C'est un fait digne d'être accompli, — suivant une heureuse expression de M. *Louis Blanc*.

souveraineté, l'annuler par conséquent dans la pratique?

Comment admettre que le droit de souveraineté du peuple puisse aller jusqu'à anéantir lui-même ce droit imprescriptible des nations libres et mûres pour la démocratie?

Une objection spécieuse a été faite au système que j'ai pris à tâche de défendre dans la mesure de mes forces. On m'a dit: « C'est vous, démocrate et libéral inconséquent, — vous, partisan et défenseur de la souveraineté populaire, — c'est vous qui osez refuser à une assemblée, née de l'application de ce principe, l'omnipotence la plus entière, la faculté de déterminer, sans restriction aucune, la forme du gouvernement de la France! Cette assemblée n'est-elle pas souveraine elle-même, son droit n'est-il pas sans limites? »

Non, je n'hésite point à le dire! — J'ignore si sa puissance de fait est absolue; mais je sais que son droit n'est pas sans limites. Oserait-on prétendre qu'une telle assemblée installerait, d'une façon valable, un gouvernement despotique? Personne assurément ne maintiendrait cette opinion [1].

1. « L'humanité oublierait sa dignité; elle consentirait à sa dégradation; elle tendrait les mains à l'esclavage, que la

L'assemblée constituante pourrait-elle fonder une république aristocratique, et remettre ainsi en question les droits conquis par nos pères en 1789? Évidemment non!

Son pouvoir légal est donc limité; l'assemblée ne pourra établir des institutions portant, par leur forme, une atteinte quelconque à la souveraineté du peuple et au gouvernement de la nation par soi-même, — au *self government*, comme disent les Anglais.

L'assemblée des représentants ne pourrait même fonder ce que l'on est convenu d'appeler une monarchie mixte ou tempérée. Un tel acte atteindrait son principe, qu'elle doit respecter,

tyrannie ne serait pas plus légitime. La justice éternelle protesterait contre un contrat qui, fût-il appuyé sur les désirs réciproques, les plus authentiquement exprimés et convertis en lois solennelles, n'en est pas moins nul et de nul effet.

« Comme l'a très-bien dit Bossuet, il n'y a point de droit contre le droit, point de contrats, de conventions, de lois humaines, contre la loi des lois, contre la loi naturelle. »

VICTOR COUSIN.

Quel droit plus sacré que la liberté pour l'homme individuel, et pour les peuples, ces agrégations d'êtres intelligents, maîtres d'eux-mêmes, — et responsables, à ce titre seul, du bien comme du mal accompli! — La nation est incapable ou indigne, corrompue même, pourra-t-on dire; mais je répondrai: Est-ce la servitude, ou l'indépendance, qui instruit, qui améliore, qui dignifie, qui honore et qui régénère?

et qui ne peut être complétement sauvegardé dans une monarchie, si constitutionnelle, — autrement dit si mitigée et si tolérable, — qu'on la fasse.

En effet, la monarchie n'est-elle pas héréditaire par essence? tout au moins le pouvoir immuable du monarque peut-il être plus restreint qu'un pouvoir à vie? Non, sans doute!

Ceci posé, je dis que le peuple lui-même, réuni en comices, ne pourrait fonder ce gouvernement.

Il le pourrait en fait, — mais de ce que tel individu, par exemple, peut se tuer par un abus de force, ou tel autre, en se ruinant volontairement, frustrer ses enfants de tout l'héritage attendu, doit-on conclure qu'ils en aient le droit? De même, l'établissement d'une monarchie est manifestement le suicide, — sauf résurrection, — ou l'exhérédation tentée de la souveraineté nationale!

De quel droit le peuple, aujourd'hui souverain, par faiblesse, indolence ou lâcheté, cessant de s'appartenir, imposerait-il ses volontés au peuple qui sera souverain demain, dans cinq ans, dans dix ans, dans vingt ans, — à ces descendants moins amollis, qui, plus tard, revendiqueront, à leur tour, l'exercice de cette puissance dont leurs pères les auraient dépouillés? — En l'état des idées comme des faits modernes, le seul principe d'autorité politique et de conservation sociale est incontestablement le vœu de la majorité des citoyens, exprimé par une loi librement consentie, — et toujours perfectible suivant les impressions parfois mobiles, ou le déplacement régulier de cette majorité même. Conservant intacts le droit de critique et la faculté de chercher leur futur succès dans les moyens légaux, les minorités sont tenues, non point d'approuver les décisions du plus grand nombre, — car il n'est pas infaillible non plus, — mais de s'y soumettre. Ce régime, de la république encore idéale, a la double supériorité sur les autres, — d'être pleinement rationnel, — et, sans porter aucune atteinte à l'indépendance civique, d'enlever toute cause, tout argument, toute excuse, à l'insurrection et à la violence [1].

1. « Une constitution ne peut être que l'ouvrage libre d'une convention entre associés. » *Siéyès.* — « L'hérédité du pouvoir supprime le consentement. » *Jules Favre,* Discours de réception à l'Académie française, 23 avril 1868. — « Avant cinquante ans, la France sera républicaine ou cosaque. » *Napoléon,* à Sainte-Hélène.

« On ne peut engager ses services qu'à temps, ou pour une entreprise déterminée. » Article 1780 du code civil. — Le mandat est toujours révocable, d'après les art. 2003 à 2006 du même code.

Ce qui est vrai des citoyens, pris isolément, n'est-il pas vrai

Je ne prétends pas que la nation doive être conviée chaque jour à exercer sa souveraineté; mais, pour maintenir son droit dans l'application,

de leur collectivité, la nation elle-même? Que la nation puisse déléguer temporairement l'exercice de sa souveraineté, rien n'est plus certain en principe et plus nécessaire en fait. Qu'elle puisse, légalement et avec sagesse, aliéner, pour un temps indéfini, sa souveraineté même, c'est-à-dire le premier attribut de sa liberté, — je le nie. Il s'agit de l'un de ces droits imprescriptibles, qu'il faut ressaisir ensuite dans une de ces évolutions critiques, dites révolutions.

Je puis citer, à cet égard, un puissant et bien impartial auxiliaire :

« Quoi! — s'écriait, aux applaudissements du Corps législatif, un éloquent ministre du second Empire, en parlant de la royauté incomparablement la plus haute et la plus respectable qui fut jamais, — quoi! vous poseriez le principe, pour asseoir le trône pontifical, de la servitude indéfinie, dans les siècles passés, comme dans les siècles à venir, d'un peuple quelconque!... Ne nous jetons pas dans ces thèses extrêmes, elles seraient dangereuses, elles seraient redoutables; et d'ailleurs où trouverez-vous le contrat écrit, ce contrat en vertu duquel les générations passées auraient obligé les générations à venir, et leur auraient dit : A raison des splendeurs originaires de la ville éternelle, vous serez à perpétuité condamnées à subir cette forme de gouvernement. Si un contrat semblable avait été écrit dans les âges où se transmettaient les nations par la volonté seule du souverain, il n'est pas une juridiction de droit public, de droit international, qui lui donnerait aujourd'hui, en présence des principes modernes, une force et une autorité quelconque! » (Paroles prononcées par il faut qu'elle en use avec une certaine périodicité, tous les cinq ans par exemple.

Or il est tout à fait contraire à la nature de la monarchie d'admettre que, cinq ans après son établissement, le peuple pourrait, par l'organe de l'assemblée nationale, en décréter l'abolition. Cette opinion est insoutenable; pourtant l'on arrive à la conséquence absurde, que je viens de signaler, en acceptant, comme possible, la durable coexis-

M. Rouher le 15 avril 1865, et rappelées par M. Garnier-Pagès le 9 décembre 1867.)

Le 4 février 1868, le premier disait encore : « Des générations ont grandi, elles se sont élevées. Interrogez le présent : des 8,500,000 citoyens qui ont voté l'Empire et qui l'ont créé, il y en a, à l'heure actuelle, près de 4,000,000 couchés dans la tombe. Oh! c'est que le temps marche, et que nous ne comptons pas! C'est que sur cette liste électorale, qui est la base de notre droit public, les 4,000,000 d'hommes nouveaux, inscrits depuis 1852, n'ont pas les souvenirs et l'expérience que vous avez eus; ils ont dans le cœur des ardeurs nouvelles, ils aspirent à une liberté plus étendue. »

Et plus tard : « La nation est le pouvoir par excellence, la souveraine. » (M. Rouher, séance du 2 avril 1869.)

« C'est l'essence même du suffrage universel de ne pouvoir pas stipuler sur sa propre aliénation... Le suffrage universel ne doit pas être considéré dans une génération, mais dans les générations successives; et, à ce point de vue, il ne peut aucunement aliéner la souveraineté, parce qu'il disposerait d'un patrimoine qui ne lui appartient pas. » (M. Gambetta, séance du 5 avril 1870.)

tence de la monarchie, gouvernement d'un seul, — et de la souveraineté du peuple, gouvernement de tous. Folie et chimère! Ce ne sont pas, en effet, deux principes concordants et parallèles, mais opposés, inconciliables, et dont la rencontre est fatale. Entre ces rivaux, faussement alliés, ne règne point l'harmonie, mais conspire un menaçant antagonisme; après une hostilité latente ou déclarée, leur choc, toujours imminent, ne peut qu'amener, en se produisant à une heure donnée, des conflits et des luttes, dans lesquels devra succomber l'un ou l'autre. De la base au sommet, la stabilité des institutions, par l'organisation scientifique et sérieuse de toutes choses, ne saurait résulter d'un dualisme contradictoire, — elle est le prix exclusif de la véritable unité.

Si nous fondions, soit présentement, soit plus tard, nous peuple souverain, une monarchie héréditaire ou élective (et dans ce cas tout le monde tombera d'accord que le roi serait inamovible, autrement ce ne serait point un roi), nous créerions l'état révolutionnaire en permanence; — qu'aurions-nous fait ainsi du droit de nos enfants, du nôtre même? — ne serions-nous plus souverains, en 1875, 1880, par exemple? — et trompés encore, dans un temps plus ou moins long, par cette autre épreuve, que resterait-il à faire? à reconquérir le droit primordial et inaliénable, que nous aurions abdiqué nous-mêmes!

D'après le système étrange des adversaires, le peuple apparaîtrait une fois, pour statuer, dans le cours des âges, comme un *Deus ex machina*; sous prétexte d'exercer sa puissance actuelle, il détruirait pour toujours, au même moment, son pouvoir futur et celui de la dernière postérité nationale, puisque, au lieu de déléguer un chef passager de l'exécutif ou des ministres temporaires, il choisirait pour maîtres définitifs un monarque et sa race. L'œuvre mystérieuse et fatidique achevée, ce souverain d'un jour, enchaîné, comme décapité même par ses propres mains, et devenu serf, rentrerait à jamais, avec toute sa descendance, dans la subordination, la soumission, le silence et l'immobilité.

En dehors des motifs théoriques, décisifs pour l'écarter, il est impossible, de fait, que, tôt ou tard, la monarchie, quelle qu'elle soit, livrant au caprice d'un homme et à l'intérêt dynastique d'une famille, le sort de la nation qui s'abandonne, ne la précipite, pour châtiment, vers d'immenses désastres ou sur le penchant des abîmes[1].

1. « A parler à bon escient, c'est un extresme malheur d'estre subject à un maistre, duquel on ne peut estre jamais asseuré qu'il soit bon, puisqu'il est toujours en sa puissance d'estre mauvais quand il voudra..... C'est le peuple qui s'asservit, qui se coupe la gorge luy-mesme, qui, ayant le choix

Rétablir le pouvoir héréditaire, ou même à vie, — le pouvoir personnel, en d'autres termes, — serait une grave imprudence, un appel inconscient à des malheurs considérables et à des commotions nouvelles. Bien coupables les hommes qui ne craindraient pas de le restaurer, bien terrible la responsabilité qu'ils assumeraient! Voudraient-ils démontrer, une fois de plus, la justesse de ces paroles de Voltaire : « Quelle est donc la destinée du genre humain? Presque nul grand peuple n'est gouverné par lui-même. »

Le principe de la souveraineté du peuple étant proclamé, il n'existe qu'une forme corrélative et adéquate de gouvernement : la forme républicaine.

Ainsi pensait Montesquieu, comme l'attestent ces lignes de *l'Esprit des Lois* : « Le gouvernement républicain est celui où le peuple en corps, ou seulement une partie du peuple, a la souveraine puissance. — Lorsque le peuple en corps a la souveraine puissance, c'est une démocratie. »

En France, à notre époque, c'est bien le peuple en corps qui a la souveraine puissance. Une assemblée émanée du principe de la souverai-

d'estre subject ou d'estre libre, quitte sa franchise et prend le joug, qui consent à son mal, ou plustost le pourchasse. » *Estienne de la Boëtie.*

neté populaire ne doit établir qu'une *république démocratique*[1].

Qu'on ne m'accuse point d'un formalisme étroit, il s'agit, en même temps, du fond des choses;

1. I. Les hommes naissent et demeurent libres et égaux en droits.....

III. Le principe de toute souveraineté réside essentiellement dans la nation. Nul corps, nul individu ne peut exercer d'autorité qui n'en émane expressément.

VI. La loi est l'expression de la volonté générale. Tous les citoyens ont droit de concourir personnellement ou par leurs représentants à sa formation.....

XIV. Tous les citoyens ont le droit de constater, par eux-mêmes ou par leurs représentants, la nécessité de la contribution publique, de la consentir librement, d'en suivre l'emploi et d'en déterminer la quotité, l'assiette, le recouvrement et la durée.

— Déclaration des droits de l'homme et du citoyen, décrétée par l'Assemblée nationale le 26 août 1789, et formant le préambule de la constitution des 3-14 septembre 1791.

XXV. La souveraineté réside dans le peuple. Elle est une et indivisible, imprescriptible et inaliénable.

XXVIII. Un peuple a toujours le droit de revoir, de réformer et de changer sa constitution. Une génération ne peut asservir à ses lois les générations futures.

— Déclaration préliminaire de la constitution du 24 juin 1793. — La souveraineté réside dans l'universalité des citoyens français.

Elle est inaliénable et imprescriptible.

Aucun individu, aucune fraction du peuple ne peut s'en attribuer l'exercice. — Article 1 de la constitution du 4 novembre 1848.

car, dans une certaine mesure, suivant une autre parole de Montesquieu : « Le gouvernement fait les hommes. »

Pénétré de ces idées, j'ai entendu avec surprise soutenir la thèse adverse par des gens éclairés, et qui se déclaraient bons démocrates. Mais j'ai remarqué chez presque tous des convertis de fraîche date. Si je fais cette observation, ce n'est pas dans l'intention d'incriminer leur bonne foi; — loin de moi cet esprit d'injuste méfiance, avec la confiance aveugle ou l'ingratitude, l'un des principaux écueils des démocraties! — c'est que leur erreur, sur une question si fondamentale, m'a semblé ne pouvoir être née que de l'éblouissement causé à ces hommes par le grand événement qui vient de s'accomplir. Ils s'étaient endormis monarchistes, et se sont levés républicains. Il en est qui, se frottant les yeux, se demandent s'ils sont éveillés ou s'ils rêvent.

On ne modifie pas en un jour les opinions de toute sa vie; de quelque sincérité que l'on reconnaisse ses erreurs, des ténèbres profondes ne sauraient être à l'instant dissipées.

Quant à ceux qui défendent avec une arrière-pensée réactionnaire la doctrine opposée, qu'ils tiennent pour certain (et ces paroles ne sont point une provocation) que nous ne recommencerons pas, de plein gré, ces tristes expériences de dynasties se succédant les unes aux autres, dont les représentants, tous les quinze ou vingt ans, se rejoignent sur la terre d'exil[1].

Si l'hypothèse d'une restauration monarchique, décrétée par l'assemblée constituante, se réalisait, il n'y aurait pas de trop énergiques protestations à faire contre un pareil acte; il faudrait, avec une entière confiance, en appeler à l'avenir, sachant bien que les défaites du droit sont éphémères, et qu'il ne peut manquer de resurgir, immortel et victorieux comme la vérité[2].

1. Le premier avantage du gouvernement monarchique n'est-il pas la prétendue stabilité, résultant de l'inviolabilité et de l'hérédité du trône? Cependant plusieurs s'obstinent à représenter la France comme un pays foncièrement attaché à cette nature d'institutions. Les faits historiques donnent à leur assertion le plus éclatant démenti; il suffit de rappeler sept dates, comprises dans une période de soixante-dix-huit années : 1. Chute de Louis XVI, en septembre 1792; 2. de Napoléon Ier, en mai 1814; 3. de Louis XVIII, en mars 1815; 4. de Napoléon Ier, en juin suivant; 5. de Charles X, en juillet 1830; 6. de Louis-Philippe, en février 1848; 7. de Napoléon III, en septembre 1870. Je ne parle point de Louis XVII, ni de Napoléon II, qui ont été censés avoir régné. — Que deviendras-tu, pauvre patrie, si, ne pouvant plus supporter la royauté, tu ne sais pas être digne de la république? Faudra-t-il redire avec Tacite: « Nec totam servitutem pati possunt, nec totam libertatem? »

2. L'assemblée nationale a fait, d'enthousiasme, dès sa première séance, le 4 mai 1848, et avant de commencer ses travaux, cette déclaration unanime : « Au nom du peuple

Non, la république, acclamée par le peuple de la grande cité, ne va pas périr ; ses bras sauront ladéfendre contre la violence, si l'attaque est violente et armée; sa raison contre les sophismes, si on veut la détruire par des sophismes. Dût-elle mourir, elle revivra ; c'est la chose de tous (*res publica*); aux partisans du développement

français, et à la face du monde entier, la république, proclamée le 24 février, est et restera le gouvernement de la France. » Le 4 novembre suivant, la constitution républicaine était votée par 739 voix contre 30.

Il n'est pas sans intérêt de rappeler l'élection présidentielle des 10-11 décembre 1848, et le scrutin des quatre plébiscites des 20-21 décembre 1851, 20-21 novembre 1852, 8 mai et 3 novembre 1870 :

I. *Recensement général.*

	Électeurs inscrits.	Votes affirmatifs.	Négatifs.	Nuls.
1848.	»	5,472,540	1,902,477	20,668
1851.	»	7,481,231	647,292	37,107
1852.	»	7,824,189	253,145	63,326
1870. (Mai.)	»	7,350,142	1,538,825	112,975

II. *Département de la Seine, pris isolément.*

1848.	433,632	194,484	143,345	421
1851.	394,069	197,091	96,511	3,628
1852.	315,410	208,658	53,753	8,290
1870. (Mai.)	416,215	108,106	184,345	39,892

III. *Votes, civils et militaires, des habitants et défenseurs de Paris.*

(Nov.) 1870.	«	557,996	62,638

complet et régulier de la démocratie de faire en sorte que cet instrument nécessaire ne soit pas brisé dans leurs mains [1].

J'indique, en terminant, ce que l'on doit entendre, à mon sens, par les mots : république et démocratie.

J'entends, par république, le gouvernement du peuple par ses mandataires élus ; — par démocratie, la satisfaction, dans les termes de la justice et du possible, de tous les droits, de tous les intérêts intellectuels et positifs, la moralisation, l'instruction et l'éducation du prolétaire, l'application sincère de cette noble devise : Liberté, Égalité, Fraternité.

En présence de l'incorrigible imperfection des hommes, je tiens à le dire après Montesquieu, dans un état populaire il faut un principal ressort, *la vertu*, — qui fait préférer l'honneur aux honneurs, le droit à la force, la justice au succès.

Je m'éloigne, soit des songeurs convaincus,

1. « C'est le gouvernement qui nous divise le moins », a dit M. Thiers après 1848. — Où peuvent conduire, hélas! les dissensions intestines? Souvenons-nous du cri de Virgile :

> ... En quo discordia cives
> Perduxit miseros!

soit des complaisants de la foule qui promettent à nos frères souffrants l'avénement effectif du beau rêve, appelé le bonheur universel.

Personne ne souhaite plus ardemment qu'il se transforme en réalité; mais j'estime que, si jamais il doit être donné de le voir s'accomplir, ce ne sera point à ceux qui, travailleurs du marteau, de la charrue ou de la plume, arrosent maintenant la terre de leurs sueurs [1].

En politique, comme dans la vie privée, il n'est sage ni honnête de promettre ce qu'on n'est pas certain de pouvoir tenir; plus d'un hardi théoricien, aux prises avec les difficultés pratiques, a pu vérifier combien cette vérité est incontestable.

Je n'affirme rien à ce sujet sur l'avenir réservé par la Providence aux enfants de nos enfants; je crois, dans une large mesure, au progrès; je suis avec ceux qui pensent que l'Humanité marche, non pas en cercle, mais en avant, et qu'il n'est loisible à personne de fixer le point précis où elle devra s'arrêter.

. . . .

1. Je note ici des paroles remarquables prononcées par M. *Allou* dans une réunion électorale, du 7 novembre 1869 : « Le socialisme est folie! Tout ce que l'on enveloppe de raisonnable dans ce mot, la coopération, l'arbitrage, la participation aux bénéfices, tout cela peut se contenter de la liberté, vivre par elle, se développer par elle. »

Sans doute, il serait puéril et imprudent de le nier, la liberté, restituée tout entière avec sa lumière et ses bienfaits, n'est pas exempte de périls.

Que d'obstacles à surmonter, avant d'assurer, comme cela est indispensable, l'ordre dans la liberté!

Mais nous n'aurons l'ordre que si l'élite intelligente et réfléchie de toutes les classes, plus vaillante enfin que les énergumènes, prenant, avec une énergique décision, la tête du mouvement, fonde résolûment la liberté; nous n'aurons l'ordre que par les mœurs de la vraie liberté. Si, les uns dénués de modération, les autres de tolérance, — la plupart courtisans des puissants ou de la multitude, avides de jouissances, et les esclaves des passions, — tous manquant de sagesse et de patience, légers, versatiles, frivoles, présomptueux, superficiels, sans persistance, ignorants et indisciplinés, — moins disposés à l'action féconde qu'aux stériles paroles, plus soucieux de nos intérêts que des lois, et de nos droits individuels que de nos devoirs publics, — nous abusons de ses franchises et la pratiquons mal, elle enfantera l'anarchie. Si, égarés par la crainte, nous voulons l'étouffer, la comprimer, elle cherchera violemment à s'épandre; le désordre naîtra de cette compression même.

Après l'anarchie ou le désordre, l'inévitable expédient de la dictature ou l'apparente solution du despotisme.

Surtout, gardons-nous du découragement! N'imitons point ces hommes que semblent effrayer les hautes pensées, et qui défigurent à plaisir, sous des noms de nature à inspirer l'aversion publique, les plus fiers sentiments, les instincts les plus généreux.

Ils ont peur d'une liberté complète, et ils l'appellent licence;

Peur de la démocratie, et ils l'appellent démagogie;

Peur de la fraternité, et ils l'appellent communisme;

Peur de l'égalité des droits politiques, et ils l'appellent anarchie;

Peur du peuple, et ils disent la populace;

Peur même du mot de patrie, parce qu'il contient en lui ces susceptibilités nationales qu'un peuple n'abdique pas, sans abdiquer en même temps une partie de son indépendance vis-à-vis de l'étranger; ils disent le pays; — beaucoup même jadis avaient affublé ce mot d'une épithète égoïste, et ils disaient : Le pays légal.

Nous disons : liberté, démocratie, fraternité, peuple, égalité, patrie!

Nous aimons ces grands mots; nous les inscrivons dans nos cœurs et sur nos bannières, parce qu'ils renferment de grandes idées.

Pour obtenir les biens nombreux qu'ils représentent, nous aurons de rudes épreuves à traverser, il faut le reconnaître; mais, si le sentier est difficile, ayant toujours devant les yeux l'importance du but à atteindre, nous le poursuivrons avec fermeté.

Aux époques fameuses, toutes les fois que l'humanité, secouant les langes de la barbarie et de la superstition, a fait effort vers son affranchissement définitif des tyrannies et des préjugés, — des prophètes de malheur se sont rencontrés qui, les regards constamment tournés vers le passé, ont voulu arrêter, par des prédictions sinistres, la marche ascendante de la civilisation.

Selon quelques-uns, les malheurs de 1793 sont encore à redouter; peut-être de furieux parodistes vont-ils donner à la statue de la liberté l'échafaud pour piédestal.

Craintes vaines! le peuple de Paris l'a prouvé, dès la chute du trône, en offrant à l'univers, par l'abolition de la peine de mort en matière politique, « le spectacle de sa propre magnanimité »[1], suivant la belle expression de Lamartine.

1. Décret du 26 février 1848. — Un second décret mémorable a été celui du 4 mars, portant suppression de l'esclavage dans

Oui, la liberté a ses périls, ses débordements et ses excès; mais il en est ainsi de toutes les grandes choses, — de la vie même, ce laborieux et perpétuel combat : ainsi dans le monde matériel, — ainsi dans le monde moral.

« Les plus grands maux, a-t-on pu dire, viennent souvent des plus grands biens : la religion et la liberté. » Faut-il pour cela les rejeter ou les condamner tous deux?

Le jour où l'imprimerie fut inventée, des voix s'élevèrent parmi ces attardés, myopes intellectuels, dont je parlais tout à l'heure; c'était, à les entendre, une découverte fatale qui donnerait aux mauvaises doctrines les facilités les plus dangereuses pour se répandre et se propager.

Cependant qui nierait l'heureuse influence de l'imprimerie sur les destinées humaines!

Gudtenberg ne fut-il pas, comme l'a dit encore notre Lamartine, « le mécanicien d'un monde nouveau? »

Quand la force de condensation et d'expansion de la vapeur fut appliquée à l'industrie, à la navigation, aux chemins de fer, beaucoup s'écrièrent que les machines réduiraient à la misère, à la faim, les ouvriers dépourvus de tra-

les colonies françaises. — Un autre, du 5 mars, a institué le suffrage universel.

vail, — que la vapeur, employée comme agent de locomotion sur les navires et les voies ferrées, causerait d'effroyables désastres, que ses explosions tueraient les passagers et les voyageurs, — et, parce que la vapeur, par sa force immense, difficile à régler, pouvait présenter de graves périls, ils contestèrent ses bienfaits et cherchèrent à en amoindrir la valeur.

Ils sont de la même école ceux qui ont peur de la liberté.

La liberté aussi est une force immense, difficile à régler.

Elle aussi, si je puis dire, a ses explosions !

Trop souvent, son lumineux flambeau est devenu entre des mains fanatiques, incapables ou indignes, comme une torche incendiaire. Il lui est arrivé de tuer ses plus dévoués adeptes, comme il est arrivé à la vapeur de tuer ceux mêmes qui cherchaient à la diriger. Parce que l'homme peut, sous sa propre responsabilité, mésuser du libre arbitre, serait-il permis à la société (ce que n'a pas fait Dieu) de l'asservir? Pour tout dire en un mot : la liberté civile et politique de chacun n'a d'autres bornes que le respect de soi-même et le droit d'autrui.

C'est précisément le travail des temps modernes, de modérer, sans les affaiblir, et d'utiliser, — dans un mouvement tempéré, comme le cours des astres ou l'action vraiment efficace de nos diverses facultés, par la pondération et l'équilibre, — toutes les forces vives de la civilisation : liberté de l'industrie, liberté d'association et de réunion, liberté d'enseignement, liberté de la presse.

C'est notre mission, fils du dix-neuvième siècle; et, si dans ce dur labeur, nous avons des obstacles à vaincre; si cette conquête des droits et des libertés est périlleuse; si elle doit avoir encore ses champs de bataille, et si elle fait de nouvelles victimes qu'il faudra pleurer, soyons assurés qu'en léguant aux générations futures ce précieux héritage, après avoir volontairement affronté les dangers de l'œuvre à accomplir, nous aurons du moins quelque titre à la reconnaissance de la postérité! Après le travail, la moisson; tous les défenseurs, même aujourd'hui les plus obscurs, de la cause démocratique et libérale, recueilleront, dans l'avenir, la part de gloire que leurs combats auront méritée!

(Mars 1848. — Février 1871.)

CITATIONS DIVERSES.

Paris. — J. CLAYE, imprimeur, 7, rue Saint-Benoît. — [22]

www.ingramcontent.com/pod-product-compliance
Ingram Content Group UK Ltd.
Pitfield, Milton Keynes, MK11 3LW, UK
UKHW032024260826
14628UKWH00006B/2707

9 782011 768261